Thomas Runte

Die Analyse des Kundenwerts und der Kundenstruktur zur Bewertung von Kundenbeziehungen

D1669573

GRIN - Verlag für akademische Texte

Der GRIN Verlag mit Sitz in München und Ravensburg hat sich seit der Gründung im Jahr 1998 auf die Veröffentlichung akademischer Texte spezialisiert.

Die Verlagswebseite http://www.grin.com/ ist für Studenten, Hochschullehrer und andere Akademiker die ideale Plattform, ihre Fachaufsätze und Studien-, Seminar-, Diplom- oder Doktorarbeiten einem breiten Publikum zu präsentieren.

Dokument Nr. V24496 aus dem GRIN Verlagsprogramm

Thomas Runte

Die Analyse des Kundenwerts und der Kundenstruktur zur Bewertung von Kundenbeziehungen

GRIN Verlag

Bibliografische Information Der Deutschen Bibliothek: Die Deutsche
Bibliothek verzeichnet diese Publikation in der Deutschen Nationalbibliogra-
fie; detaillierte bibliografische Daten sind im Internet über http://dnb.ddb.de/
abrufbar.

1. Auflage 2004
Copyright © 2004 GRIN Verlag
http://www.grin.com/
Druck und Bindung: Books on Demand GmbH, Norderstedt Germany
ISBN 978-3-638-70193-8

Die Analyse des Kundenwerts und der Kundenstruktur zur Bewertung von Kundenbeziehungen

Seminararbeit

Vorgelegt an der

Berufsakademie Mannheim

Fachrichtung Dienstleistungsmarketing

Thomas Runte

I

Inhaltsverzeichnis

II

Abbildungsverzeichnis

Seite

1. Die Bedeutung des Kundenwertes und des Kundenpotentials

Kundenorientierung ist ein wesentlicher Erfolgsgarant für das Bestehen eines Unternehmens am Markt.[1] Seit der Entwicklung von Verkäufer- zu Käufermärkten, die vor allem durch starke Sättigungstendenzen und einem Überangebot an Leistungen/Produkten gekennzeichnet sind, weshalb man mittlerweile von einem „Hyperwettbewerb"[2] spricht, wurde nach und nach der Kunde von den Unternehmen als Schlüssel „entdeckt".

Somit wurde zunehmend erkannt, dass sich eine Fülle von Austauschprotzessen zwischen Anbietern und Nachfragern nicht als einmalige, diskrete Ereignisse, sondern als Sequenz von Transaktionen im Rahmen einer langfristigen Beziehung verstehen lassen. Dies bedeutet, dass sich aufgrund der veränderten Marktbedingungen, wie zum Beispiel sinkende Markenloyalität, starker Konkurrenzkampf oder sinkende Nachfrage, eine Schwerpunktverlagerung im Marketingverständnis abgezeichnet hat. Der zuvor fast primär auf Neukundengewinnung ausgerichtete Fokus verschiebt sich mehr und mehr hin zum beziehungsorientiertem Marketing,[3] das auch „Relationship- Marketing" genannt wird. Dieses Beziehungsmarketing befasst sich mit Entscheidungen, die den Ausbau neuer Kundenbeziehungen, die systematische Weiterentwicklung von attraktiven und gegebenenfalls den Abbau von unattraktiven Kundebeziehungen betreffen.

Dabei spielt der Wert der Kunden für das Unternehmen und deren Potential eine entscheidende Rolle, zur Identifikation derjenigen Kunden, bei denen sich eine Intensivierung der Beziehung lohnt, beziehungsweise bei denen die Investition von unternehmerischen Ressourcen unrentabel erscheinen. Jedes Unternehmen verfügt dabei über einen heterogenen Kundenstamm mit sehr rentablen, wie auch eventuell verlustbringenden Kunden. Nach der Pareto –Regel wird 80% des Umsatzes in Unternehmen von nur 20% der Kunden generiert. Tatsächlich kommt die Realität diesem Postulat sehr nahe. Aufgrund dieser Tatsache ist eine Analyse der Kunden

---

[1] Bruhn, M., 1999, S. 1.
[2] Ebd., 1999, S. 5.
[3] Vgl. Schulz, B., 1995, S. 2.

sinnvoll, um diese selektieren zu können und schließlich gezielte Entscheidungen bezüglich einer effizienten Kundenpflege treffen zu können, beziehungsweise um sich auf die „wichtigen" Kunden zu konzentrieren. Dabei setzt das Management von Kundenbeziehungen verschiedene Informationen über die bestehenden Kunden voraus. Zum einen kann die Analyse der bestehenden Beziehung zwischen dem Anbieter und den Kunden anhand von empirisch gesammelten Informationen, wie zum Beispiel monetären Maßgrößen (Umsatz, Deckungsbeitrag, etc.) oder eventuell informellen Maßgrößen (Beschwerdehäufigkeit, persönlicher Kontakt, etc.) erfolgen. Zum anderen ist die Analyse der Kunden anhand deren Potentials sinnvoll, um eventuelle Potentiale zukünftig abschöpfen zu können. Doch während die monetären Informationen relativ einfach zu analysieren sind, da hierfür die Datenquellen in der unternehmerischen Buchhaltung oder Kostenrechnung liegen,[4] ist die Analyse des Kundenpotentials und der Weiterentwicklung der Beziehung relativ komplex. Aufgrund der Komplexität der Ermittlung des Kundenpotentials, wird bisher bei dem größten Teil der Unternehmen auf rein monetäre Größen zur Kundenanalyse und damit zur Strukturierung des Kundenstamms zurückgegriffen. In sehr vielen Fällen wird sogar die Kundenstruktur als Ansatzpunkt zur Effizienzsteigerung oftmals nicht erkannt oder sogar vernachlässigt.[5] Deshalb kennen viele Unternehmen nicht ihre gewinnbringenden Marktsegmente, beziehungsweise ihre profitablen Kunden.

In der vorliegenden Arbeit werden verschiedene Konzepte zur Analyse der Kunden vorgestellt. Es wird dargelegt, wie verschiedene Kunden wertmäßig klassifiziert werden können. Dabei wird im zweiten Kapitel der Fokus auf die Ermittlung der Wertigkeit von Kundenbeziehungen anhand von monetären Größen gelegt, wobei aber auch die Analyse des Kundenpotentials erörtert wird. Im dritten Kapitel werden schließlich die verschiedenen Methoden der Kundenstrukturanalyse, sowie deren eventuellen Kritikpunkte erläutert.

---

[4] Schulz, B., 1995, S. 3.
[5] Vgl. Bruhn, M., 1999, S. 10.

1.1 Einordnung der Kundenanalyse in das Marketing

Das Relationship –Marketing führt den mittlerweile recht weit verbreiteten Ansatz zur Kundenorientierung weiter fort. Hierbei ist es das Ziel intensive, beinahe persönliche Beziehungen zu den Kooperationspartnern, also den Kunden aufzubauen.[6] Dabei stellt sich jedoch die Frage, ob es sich überhaupt lohnt Zeit, Geld und Aufwand in die Beziehung zu einem Kunden zu investieren. Genau hier setzt die Bedeutung der Kundenanalyse und damit des Kundenwertes an. Mit dem Kundenwert als Maßgröße kann festgestellt werden, ob ein Kunde es „wert" ist, die spezielle Kundenbindungsform des Relationship- Marketing zu erhalten.

1.2 Begriffserklärungen

Zunächst sollen einige relevante Begriffe geklärt werden, um die theoretische Ausgangsbasis des Verfassers nachvollziehen zu können.

- Kunde

Ein zentraler Begriff ist der des Kunden. Unter Kunde soll in dieser Arbeit sowohl der vorhandene als auch der potentielle (Interesse bekundende) Abnehmer der Dienstleistungen verstanden werden. Unternehmen oder Privatkunden, zu denen keinerlei Kontakt besteht, die aber theoretisch Interesse an den angebotenen Leistungen haben könnten, sollen hier als Nichtkunden eingestuft werden.

- Kundenanalyse

Unter Kundenanalyse soll hier „die systematische Sammlung, Ordnung, Verdichtung und Auswertung von Informationen über Kunden und Kundengruppen"[7] verstanden werden. Es wird eine informatorische Basis geschaffen, aus der abgeleitet werden kann, wie sich die Unternehmen gegenüber ihren Kunden, die als kritische Ressource anzusehen sind, verhalten sollten, um die Verfügbarkeit dieser Ressource dauerhaft sicherzustellen. Es wird dabei auch berücksichtigt, dass es sich bei den Kunden nicht um eine homogene Gruppe handelt, sondern die Kunden sich bezüglich ihrer Ressourcen, die sie in das Unternehmen einbringen können und bezüglich ihrer Bedürfnisse unterscheiden.

---

[6] Vgl. Bruhn, M., 1999, S. 9.
[7] Plienke, W., 1995, S. 1328.

2. Methoden zur Analyse des Kundenwertes

Zur Analyse der Wertigkeit der Kundenbeziehung werden in der Praxis verschiedene Methoden angewendet. Doch für jede Art der Kundenanalyse bedarf es kundespezifischer Informationen, die zunächst aus verschiedenen Datenquellen gewonnen werden müssen. Dabei setzt die Beschaffung von Kundeninformationen ein integriertes Konzept der Informationsgewinnung voraus,[8] nach dem einzelne relevante Informationen systematisch aus internen und externen Datenquellen gesammelt werden müssen, um einen möglichst umfassenden Überblick über den Kunden zu haben. Bei den internen Datenquellen wird auf im Unternehmen vorhandene Daten zurückgegriffen, wie zum Beispiel Berichte und Statistiken (Außendienstberichte, Auftragseingangsstatistik, Kostenrechnung, Beschwerdestatistik, etc.), während im Rahmen der Informationserhebung über externe Datenquellen die Informationen beispielsweise anhand von allgemeinen amtlichen Statistiken, Zeitungen und Zeitschriften, Marktforschungsinstituten oder Nachschlagewerken gesammelt werden.[9]

2.1 Ermittlung des Kundenwertes anhand monetärer Maßgrößen

2.1.1 Analyse des Umsatzes pro Kunde

Die einfachste Methode einen Kunden zu bewerten ist die Umsatzmethode. Anhand der Umsatzerlöse läßt sich feststellen, welche finanziellen Mittel der Kunde dem Unternehmen während einer Periode zugeführt hat. Die Ermittlung des Umsatzes ist aufgrund der Rechnungsschreibung relativ einfach zu handhaben. Danach gilt folgende einfache Regel: Je größer der Umsatz eines Kunden, desto höher auch sein Wert.[10]

Allerdings bietet die Umsatzanalyse nur einen eindimensionalen Einblick, auf die Wertigkeit der Kunden. Was besagt beispielsweise ein hoher Umsatz eines Kunden, wenn die Beziehung zu diesem letztendlich in die roten Zahlen führt?[11] So werden die segment- bzw. phasenbezogenen Aufwände, die durch die Kunden entstanden sind nicht

---

[8] Vgl. Schulz, B., 1995, S. 31.
[9] Vgl. Ebd. S. 31.
[10] Vgl. Bruhn, M., 1999, S. 105.
[11] Homburg, Ch., 1997, S. 51.

berücksichtigt, wodurch der Informationswert in der Regel relativ gering ausfällt. Deshalb reicht diese Methode zur Beschaffung von Informationen, anhand derer strategische Entscheidungen getroffen werden müssen, nicht aus.

Da die umsatzbezogene Analyse des Kundenwerts relativ einfach durchzuführen ist, ist diese Form der Kundenanalyse in den meisten Unternehmen anzutreffen.

2.1.2 Analyse des Deckungsbeitrages pro Kunde

Im Gegensatz zur Umsatzanalyse, bei der lediglich die Umsätze der Kunden berücksichtigt werden, werden bei der Kundendeckungsbeitragsanalyse die kundenspezifischen Kosten und Erlöse gegenübergestellt. Ursprünglich wurde das Controllinginstrument der Deckungskostenbeitragsrechnung entwickelt, um die Wirtschaftlichkeit von Produkten oder gegebenenfalls Dienstleistungen zu ermitteln. Aber aufgrund des im Marketing zunehmenden Bewusstseins über die Bedeutung effizienter und profitabler Kundenbeziehungen, statt wie bisher lediglich über die Bedeutung profitabler Produkte, wurde diese Methode auf die Analyse der Kunden übertragen. Dabei ist es das Grundprinzip der Kundendeckungsbeitragsrechnung, dem Bezugsobjekt Kunde alle Kosten zuzurechnen, die durch seine Existenz, beziehungsweise durch seine Belieferung durch das Unternehmen entstehen und gegebenenfalls wegfallen würden, sollte die Beziehung aufgehoben werden.[12]

In der Literatur existieren eine Vielzahl verschiedene Modelle und Möglichkeiten, den Deckungsbeitrag pro Kunde zu berechnen. Daher ist eine Abstimmung der Berechnung auf die Informationsbedürfnisse des Unternehmens unabdingbar. Abbildung 1 veranschaulicht in schematischer Form die Berechnung des Deckungsbeitrages eines Kunden. Dabei kann der Deckungsbeitrag nicht nur einzelnen Kunden, sondern gegebenenfalls auch Kundensegmenten zugeordnet werden.

Das letztendlich resultierende Ergebnis, in diesem Fall wie in Abb. 1, ist der Deckungsbeitrag III, der angibt, wie viel von der Bearbeitung eines Kunden nach Abzug

---

[12] Vgl, Link, J., 2000, S. 224.

aller Kosten, die dem Kunden sinnvoll zugeordnet werden können, zur Deckung der allgemeinen Fixkosten des Unternehmens übrigbleibt.[13]

Abb. 1.: Berechnung des Kundendeckungsbeitrags

	Kunden-Bruttoumsatz der Periode
./.	Erlösschmälerungen (z.b. Rabatte, Skonti)
=	**Kunden-Nettoerlöse der Periode**
./.	Kosten der vom Kunden bezogenen Leistungen (= variable Kosten)
=	**Kunden-DB I**
./.	eindeutig kundenbedingte Auftragskosten (z.b. Auftragsabwicklung)
=	**Kunden-DB II (Summe der Auftrags-Deckungsbeiträge)**
./.	eindeutig kundenbedingte Verkaufs-/Besuchskosten
./.	sonstige relative Einzelkosten des Kunden der Periode (z.b. Gehalt eines Key-Account-Managers, Mailing-Kosten, Zinsen auf Forderungs-Außenstände etc.)
=	**Kunden-DB III**

Quelle: Link, J., 2000, S. 224.

Zur Ermittlung der Kundenwertigkeit für das Unternehmen lässt sich dabei die Regel anwenden, dass je größer der Deckungsbeitrag, desto größer die Mittel, die dieser Kunde bereitstellt, um nicht durch diesen Kunden verursachte Kosten zu decken, desto größer die Bedeutung des Kunden.[14]

Die Kundendeckungsbeitragsrechnung bietet gegenüber der einfachen Umsatzanalyse wesentliche Vorteile. So schafft diese Art der Kundenanalyse einigermaßen Transparenz bezüglich der ertragsbedingten Faktoren, wodurch sie besonders als Entscheidungshilfe zur Optimierung finanzieller Ressourcen dienen kann.

Allerdings existieren zum Einsatz des Kundendeckungsbeitragsmodells auch Kritikpunkte. Werden beispielsweise die dem Kundensegment zurechenbaren Kosten nicht nach dem Kostenverursacherprinzip zugerechnet, so kann diese Analyse zu

---

[13] Vgl. Homburg, Ch., 1997, S. 195.
[14] Vgl. Plinke, W., 1995, S. 128.

Fehlentscheidungen führen.[15] Außerdem besteht bei einer rein gegenwartsbezogenen Untersuchung die Gefahr der Überinterpretation von Beziehungen zu Kunden, die zwar einen hohen Deckungsbeitrag erwirtschaften, aber eventuell nur eine sehr kurze Verweildauer im Kundenstamm haben.

2.1.3 Der Customer Lifetime Value (CLV)

Bei der Customer Lifetime Value –Analyse wird der Kundenwert dynamisch über einen größeren Zeitraum hin untersucht. Dabei wird nicht nur der momentane Kundenwert berücksichtigt, sondern der langfristige Wert der eventuell lebenslangen Kundebeziehung.

Ebenso wie die Kundendeckungsbeitragsrechnung ist die Customer Lifetime Value – Analyse ein Instrument, das eigentlich für das Kostencontrolling von Investitionsprodukten entwickelt wurde, aber auf die Bedürfnisse des Kundenstamm – Marketing übertragen wurde. So bildet die Kapitalwertformel den Ausgangspunkt zur Berechnung des Kundenwertes.[16] Dabei wird der dynamische Kundenwert durch die Addition aller, über die Dauer der Geschäftsbeziehung zu erwartenden Umsätze abzüglich aller, den Umsätzen direkt zurechenbaren Kosten errechnet. Die Formel hierzu lautet wie folgt:

$$Kundenwert = -A + \sum_{t=1}^{n} (E_t - K_t) * d^{-t}$$

A= Anfangsinvestition (zum Beispiel Verwaltungskosten zur Aufnahme des Kunden in die Datenbank oder Akquisitionskosten)

E= Einnahmen im Zeitpunkt t (zum Beispiel potentieller Umsatz pro Kunde, Cross – Buying –Potentiale)

K= Ausgaben im Zeitpunkt t (zum Beispiel Betreuungskosten, Verwaltungskosten, Telefonkosten)

t= Jahr

n= geschätzte Dauer der Geschäftsbeziehung

d= Diskontierungsrate (1+i)

i= Zinssatz der Investition

---

[15] Vgl. Schulz, B., 1995, S. 108.
[16] Vgl. Meffert, H.,/ Bruhn, M., 2000, S.153.

Die übliche Betrachtungszeit im Business –to –Business –Bereich beträgt drei bis fünf Jahre. Das Ergebnis wird mit einem Kalkulationsfuß abgezinst (diskontiert), da zukünftige Überschüsse weniger wert sind als gegenwärtige. Die Abbildung 2 zeigt ein fiktives Beispiel für die Berechnung des Kundenwertes.

Abb. 2: Fiktives Beispiel für die Berechnung des Kundenwertes

	Jahre der Kundenbeziehung						
	t=0	t=1	t=2	t=3	t=4	t=5	t=6
Anfangsinvestition	30						
Einnahmen		20	60	70	80	90	100
Kosten		100	30	35	45	45	50
Einnahmeüberschuss		-80	30	35	35	45	50
Diskontierungsfaktor		1,1	1,1	1,1	1,1	1,1	1,1
Zahlungsreihe		-73	25	26	24	28	28
Kundenwert	-30	-103	-78	-52	-28	0	28

Quelle: Meffert, H./Bruhn, M., 2000, S. 154.

Prinzipiell ist es sinnvoll, nur Kundenbeziehungen aufrecht zu erhalten beziehungsweise zu intensivieren, wenn der Saldo aus Einzahlungen und Auszahlungen, der aus dieser Kundenbeziehung entsteht, nach investitionstheoretischen Maßstäben betrachtet positiv ist. Allerdings muss ein negativer Saldo nicht zwangsläufig zur Aufgabe der Geschäftsbeziehung führen.[17] Ist beispielsweise ein Kunde noch neu im Kundenstamm, so erzielt er wahrscheinlich aufgrund der hohen Akquisitionsaufwendungen zunächst noch einen negativen Saldo, doch mit fortlaufender Geschäftsbeziehung und steigenden Einnahmen entwickelt sich dieser noch zu einem positiven Saldo. Somit muss zunächst geprüft werden, ob in absehbarer Zeit eine Geschäftsbeziehung mit zufriedenstellender Bewertung erzielt werden kann, zum Beispiel durch Umsatzsteigerungen und/oder Kostensenkungen.

---

[17] Vgl. Link, J., 2000, S. 147.

Jede Geschäftsbeziehung durchläuft Phasen, die denen eines Produktlebenszyklus ähneln. Als charakteristische Merkmale zur Beschreibung des Verlaufs eignen sich vor allem das Umsatzvolumen bzw. der Kostenverlauf, auch wenn diese Größen nicht unbeeinflusst von konjunkturellen und situativen Faktoren sind. Dabei lassen sich die einzelnen Phasen der Beziehung zum Kunden anhand des Customer Life Time Values identifizieren.[18] Um die Bedeutung der Betrachtung einer Geschäftsbeziehung über die gesamte Dauer ihres Bestehens darzustellen, sollen im Folgenden nun kurz die vier Phasen einer Kundenbeziehung dargestellt werden:

- Phase der Kenntnisnahme

In dieser ersten Phase, die auch als Awareness bezeichnet wird, sind die Einzahlungen des Kunden praktisch null. Der Kunde muss erst auf die Leistung aufmerksam gemacht werden, was mit großen Marketinganstrengungen und somit auch Kosten verbunden ist. Kundenspezifische Deckungsbeiträge sind negativ.

- Phase der frühen Entwicklung

In der Explorations-Phase kommt es zu ersten Interaktionen und somit auch bereits zu ersten Umsätzen. Der Kunde testet das Produkt bereits. Die Ausgaben sind hier aber meist noch höher als die Einnahmen, weil gerade in dieser sehr sensiblen, noch instabilen Phase hohe Marketinganstrengungen unternommen werden müssen, um den Kunden auch endgültig von der Leistung zu überzeugen.

- Phase der späten Entwicklung

In dieser Phase, auch Expansion genannt, intensiviert sich die Beziehung zwischen Kunden und Lieferanten, der Umsatz steigt signifikant an, die Marketinganstrengungen und somit die Ausgaben reduzieren sich, da sich die Beziehung eingespielt hat und der Kunde die Leistungen mit einem geringeren Aufwand in Anspruch nimmt.

---

[18] Vgl. Homburg, Ch., 1997, S. 97 ff.

- Phase der höchsten Einbindung

In dieser Phase (Commitment) ist die Bindung zwischen dem Kunden und dem Lieferanten weitgehend gefestigt. Der Kunde sucht kaum noch aktiv nach Alternativen und verlässt sich häufig voll auf seinen Partner. Der Lieferanteil des Anbieters ist relativ hoch, die Marketingausgaben sind vergleichsweise niedrig, vor allem bedingt durch den geringeren Informations- und Koordinationsbedarf. Dadurch können weitgehende Kostensenkungspotenziale realisiert werden. Die kundenspezifischen Deckungsbeiträge sind in dieser Phase sicher am höchsten.

Letztendlich sollte darauf geachtet werden, dass die negativen Deckungsbeiträge in den ersten Phasen der Kundenbeziehung durch deutlich positive Deckungsbeiträge in der Expansions- und Commitmentphase ausgeglichen werden. Ergibt die Analyse des Customer Life-time Value, dass die Kundenbeziehung nach einer relativ langen Beziehung noch keinen positiven Saldo erwirtschaftet, ist über eine eventuelle Beendigung des Verhältnisses zum Kunden zu entscheiden. Dabei muss allerdings berücksichtigt werden, dass für jedes Unternehmen und jede Branche individuell entschieden werden muss, ab wann ein Kunde als unrentabel erscheint, denn die branchenbezogenen Kundenwerte fallen sehr unterschiedlich aus.[19]

Abb. 3: Kundenwerte zweier Branchen im Zeitverlauf

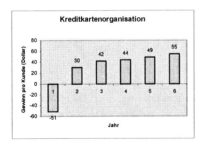

Quelle: Meffert, B./Bruhn, M., S. 155.

Abbildung 3 verdeutlicht dies am Unterschied zwischen einer Kreditkartenorganisation und einem Autokundendienst. So ergibt der Customer Lifetime Value zum Zeitpunkt

---

[19] Vgl. Meffert, B./Bruhn, M., 2000, S. 154.

null bei der Kreditkartenorganisation einen negativen Wert, der durch Akquisitionskosten, Bearbeitungs- und Verwaltungskosten bei der Erstellung der Kreditkarte entsteht. In der darauffolgenden Zeit generiert der Kunde mittels der Karte einen Umsatz, durch den der negative Saldo der Anfangsinvestition ausgeglichen werden sollte. So wird, wie im Beispiel gezeigt, zunächst noch ein durchschnittlicher Kundenwert von 30$ ermittelt, der sich bis zum fünften Jahr auf bis zu 50$ erhöht. Sollte der Kunde allerdings nach der anfänglichen Investition über einen größeren Zeitraum keinen oder einen nicht ausreichenden Deckungsbeitrag generieren, könnte eine Beendigung der Beziehung in Erwägung gezogen werden. Beim Autokundendienst hingegen wird, aufgrund der, im Verhältnis zu den erwirtschafteten Umsätzen niedrigen Anfangsinvestitionen, direkt ein positiver Kundenwert ermittelt.

Als problematisch erweist sich bei der Berechnung des Customer Life Time Values die exakte Informationsbeschaffung. Die Prämisse, dass jedes Unternehmen die Einzahlungen und Auszahlungen der Kunden individuell erfassen und zurechnen kann, ist in der Unternehmenspraxis in vielen Fällen nicht gegeben. Desweiteren ist die geschätzte Dauer der Geschäftsbeziehung ein Wert, der das Ergebnis dieser Analyse relativ verzerren kann, wenn dieser falsch geschätzt ist. Um eine systematische Strategiefindung sicherzustellen, müssen daher zunächst die Vorraussetzungen im Rechnungswesen geschaffen werden.[20] Allerdings ist dies mit erheblichem Aufwand und Kosten verbunden, weshalb von vielen Praxisvertretern teilweise die Ansicht vertreten wird, eine statische Kundenbetrachtung, wie zum Beispiel die Kundendeckungsbeitragsrechnung, würde ausreichen.

2.2 Nicht monetäre Kundenwerte und Kundenpotential

In den meisten Fällen wird die Kundenanalyse anhand von rein monetären Messgrößen, wie Umsätze oder direkt zurechenbare Kosten, durchgeführt. Lediglich bei der Berechnung des Customer Life Time Value kommt eine nicht monetäre und nicht direkt ermittelbare Größe hinzu, nämlich die Dauer der Geschäftsbeziehung. Doch da der Kunde mehr wert ist, als der Deckungsbeitrag, den er erzielt, sollten zu einer umfassende Bewertung der Kunden eines Unternehmens noch weitere, wichtige

---

[20] Vgl. Scheiter, /Binder, 1992, zitiert nach Meffert, B./Bruhn, H., 2000, S. 154.

Aspekte des Kundenwerts hinzukommen, die sich nicht anhand der Kostenrechnung oder Umsatzstatistiken erfassen lassen.

Solche nicht monetären Größen können auch als vorökonomische Bezugsgrößen[21] oder weiche Faktoren bezeichnet werden. Als beispielhaft hierfür kann das Referenzpotential, das Innovationspotential oder das Loyalitätspotential eines Kunden aufgeführt werden.[22]

Besonders im Dienstleistungsmarketing spielt die Mund zu Mund Kommunikation eine entscheidende Rolle. Aufgrund der spezifischen Besonderheiten der Dienstleistungen, wie zum Beispiel der Intangibilität von Leistungen oder der Beteiligung des externen Faktors (Kunde, Objekt) ist das durch die Kunden wahrgenommene Kaufrisiko der Dienstleistungen höher als bei materiellen Produkten.[23] Deshalb bevorzugen besonders Privatkunden persönliche Quellen, wie zum Beispiel Freunde oder Familienangehörige, bei der Sammlung von Informationen über die Qualität der Leistungen der Unternehmen aus dem Relevant Set.[24] Dabei steht die Kundenzufriedenheit im engen Zusammenhang mit der Weiterempfehlungsrate. Studien ergaben beispielweise, dass enttäuschte Kunden nur zu 16% eine Bank weiterempfehlen, während die Weiterempfehlungsrate bei zufriedenen Kunden 62% und bei überzeugten Kunden 88% beträgt.[25] Andere Studien gehen davon aus, dass unzufriedene Kunden ihren Unmut über ein Unternehmen an zehn weitere Personen kommunizieren, während zufriedene Kunden die Leistungen eines Unternehmens lediglich an drei weitere Personen weiterempfehlen. Hier setzt das Referenzpotential der bestehenden Kunden an. Dabei ist die Frage zu klären, inwieweit Kunden durch die Leistungen zufriedengestellt werden konnten und ob sie eventuell das Unternehmen auch weiterempfehlen würden. Dieses Referenzpotential, also das Potential der Kunden zur Neukundengewinnung durch Empfehlungen, ließe sich durch schriftliche oder mündliche Befragungen ermitteln. Die Ergebnisse ließen sich auf eine Skala übertragen, nach der Kunden mit einem tendenziell hohen Referenzpotential einen höheren Kundenwert erhalten.[26] Eventuell könnte die Beziehung zu solchen Kunden insofern intensiviert werden, indem sie in

---

[21] Vgl. Schulz, B., 1995, S. 113.
[22] Vgl. Hasselkamp, E.; Lorenzen, M.; Kothes, B., 1997, S.153
[23] Vgl. Meffert, H./Bruhn, M., 2000, S. 36.
[24] Das relevant set ist ein Rahmen aller Artikel bzw. verschiedener Anbieter einer Produktgruppe, die ein Käufer kennt, als kaufbar ansieht und grundsätzlich beim Entscheidungsprozess in seine Erwägung mit einbezieht.
[25] Vgl. Meyer, D., 1993, S. 10. zitiert nach Schulz, B., 1995, S. 114.
[26] Vgl. Schulz, B., 1995, S. 115.

Programme einbezogen werden, wie zum Beispiel solche, in denen Kunden gezielt weitere Neukunden anwerben.

Doch nicht nur im Privatkundenbereich können Kunden mit einem hohen Referenzwert von Vorteil sein. Im Business –to –Business –Bereich könnten Dienstleistungsunternehmen Großkunden, die ihre Leistungen oft in Anspruch nehmen, in eine Referenzliste aufnehmen, die dann extern kommuniziert wird, um gegenüber potentiellen Kunden eine größere Vertrauensbasis zu schaffen.

Darüber hinaus sind Kunden noch mehr wert, da von ihnen oftmals Innovationsschübe ausgehen können, die sich für Unternehmen als wichtig rausstellen. Besonders bei intensiven Beziehungen zwischen Anbieter und Kunde erhalten die Unternehmen ein vielfältiges Feedback über ihre Leistungen. Dieses Feedback besteht oftmals auch aus kundenspezifischen Ideen, die dazu beitragen können, Produkte, Dienstleistungen oder Prozesse effizienter und kundenfreundlicher zu gestalten.[27] Aber auch Beschwerden tragen hier zum Entwicklungsprozess bei. Hierbei geht ein Potential von den Kunden aus, das im Großteil der Fälle nicht ausgeschöpft wird.

Dieses Innovationspotential der Kunden könnte somit dazu beitragen, die Leistungen des Unternehmens zu verbessern und kundenorientierter zu agieren. Deshalb könnte die Berücksichtigung dieses Faktors ebenfalls in die Kundenanalyse mit einfließen, um eventuell die Beziehung zu solchen Kunden weiter auszubauen, die das Unternehmen mit sehr vielen Informationen und Feedback versorgt. Doch um dieses Potential ausschöpfen zu können bedarf es, aufgrund der vielfältigen Kontaktmöglichkeiten zwischen Kunden und Mitarbeitern, Kundenfeedbacksysteme (BeschwerdeManagementsysteme oder kundenspezifische Vorschlagssysteme), die alle mündlichen und schriftlichen Informationen systematisch erfassen und auswerten.[28]

Das Loyalitätspotential der Kunden ist ebenfalls ein wichtiger Faktor, der bisher noch eine zu geringe Beachtung findet. Besonders loyale Kunden, die mit den Leistungen des Anbieters zufrieden sind, werden zu einem langfristigen positiven Ergebnis der Geschäftsbeziehung beitragen. So werden zufriedene Kunden die Geschäftsbeziehung nicht vorzeitig abbrechen, wodurch das Unternehmen langfristig mit dem Deckungsbeitrag dieser Kunden rechnen und sie somit eventuell in der taktischen oder

---

[27] Vgl. Schulz, B., 1995, S. 115.
[28] Vgl. Bruhn, M., 1999, S. 173.

sogar strategischen Planung mit berücksichtigen kann. Diese Kunden können schließlich als wertvoller eingestuft werden, als solche, die aufgrund eventueller Unzufriedenheit sehr unschlüssig sind und die Geschäftsbeziehung unter Umständen abbrechen. Allerdings sollte eine solche Entwicklung besonders bei wertvollen Kunden möglichst unterbunden werden. Abbildung 4 zeigt hierzu das Ergebnis einer Studie im Finanzbereich, über den Zusammenhang zwischen der Kundenzufriedenheit und der Loyalität.

Abb. 4: Kundenzufriedenheit und Wahrscheinlichkeit der zukünftigen Geschäftsabnahme

Frage: Wenn Sie an die Zukunft denken, wie glauben Sie, dass sich ihre Beziehung zu dieser Bank bzw. Sparkasse ändern wird?

	Enttäuschte Kunden	Zufriedengestellte Kunden	Überzeugte Kunden
Sehr stark / etwas zunehmend	8%	10%	16%
Gleichbleibend	62%	85%	82%
Etwas / stark abnehmend	30%	5%	2%

Quelle: Schulz, B., 1995, S. 117

Die Ergebnisse bestätigen, dass bei überzeugten und zufriedenen Kunden die Wahrscheinlichkeit einer zukünftigen Geschäftsabnahme deutlich sinkt. Folglich kann die Kundenzufriedenheit als ein verhaltensnaher Frühindikator für das zukünftige Kundenverhalten angesehen werden.[29]

Doch eine Erhöhung der Kundenzufriedenheit führt neben der oben besprochenen firmierten Kundenbindung noch zu weiteren Vorteilen, durch die der Wert und das Potential der Kunden zunehmen. So steigt beispielsweise bei zufriedenen oder überzeugten Kunden die Weiterempfehlungsrate. Zudem steigt das Cross- Selling-Potential[30] und die Durchsetzung höherer Preise wird einfacher (Preisakzeptanz)[31]. Die

---

[29] Vgl. Schulz, B., 1995, S. 116.
[30] Vgl. Bruhn, M., 1999, S. 111.
[31] Vgl. Schulz, B., 1995, S. 118.

Abbildung 5 zeigt in diesem Zusammenhang am Beispiel einer Bank die Cross-Buying- Wahrscheinlichkeit ihrer Kunden.

Abb. 5: Kundenzufriedenheit und Cross- Selling- Potential

Frage: Werden Sie über die bisherigen Leistungen hinaus noch andere Leistungen dieser Bank bzw. Sparkasse nutzen?

	Enttäuschte Kunden	Zufriedengestellte Kunden	Überzeugte Kunden
Bestimmt / wahrscheinlich ja	16%	31%	43%
Eventuell	13%	30%	25%
Wahrscheinlich / bestimmt nicht	71%	39%	32%

Quelle: Schulz, B., 1995, S. 117.

Insgesamt resultiert daraus, dass die Zufriedenheit der Kunden ein zentraler Punkt ist, den es für jedes Unternehmen zu erreichen gilt, um die Potentiale der Kunden voll ausschöpfen zu können.

Zur Ermittlung der Kundenzufriedenheit, aus der sich letztlich das Loyalitätspotential, beziehungsweise das Cross- Selling- Potential und auch das Referenzpotential ableiten lässt, können grundsätzlich zwei verschieden Ansätze zur Messung angewendet werden.[32] Beim merkmalsorientierten Ansatz erfolgt eine standardisierte mündliche oder schriftliche Kundenbefragung anhand einzelner wesentlicher Qualitätsmerkmale, wie zum Beispiel Qualität der Beratung oder Promptheit der Erledigung. Bei der ereignisorientierten Messung hingegen ist der Grundgedanke, dass Schilderungen von Kunden über ihre unternehmensbezogenen Erlebnisse im Rahmen der Beschwerdeanalyse oder durch einzelne Kundengespräche gesammelt und ausgewertet werden können. Dabei hat in der Praxis jeder Anbieter für sich individuelle Ansätze zur Messung der Kundenzufriedenheit entwickelt, so dass aufgrund verschiedener

---

[32] Vgl. Bruhn, M., 1999, S. 99.

Zielsetzungen, Frageformulierungen, Dimensionen und Skalen ein Vergleich der Messwerte nur bedingt oder kaum möglich ist.[33]

3. Die Analyse der Kundenstruktur zur Bewertung von Kundenbeziehungen

Aufgrund der Ressourcenknappheit in Unternehmen, ist ein Unternehmen unter Beachtung des Wirtschaftlichkeitsprinzips zu führen, d.h. alle Entscheidungen sind im Rahmen der unternehmerischen Zielsetzung zu optimieren. Dabei ist es erforderlich, dass jeder strategischen Entscheidung eine sorgfältige Planung auf der Grundlage einer systematischen Informationsgewinnung vorausgeht. Hierfür wird durch die verschiedenen genannten Methoden der Kundenanalyse eine Informationsgrundlage zur Optimierung unternehmerischer Ziele geschaffen.

Die Betrachtung der Kundenstruktur, die anhand der Analyse der einzelnen Kunden ermittelt werden kann, ist im Rahmen des strategischen Marketings von besonders großer Relevanz, da sich Kundenstrukturen nur langfristig ändern. Mit Hilfe der Kundenstrukturanalyse lassen sich die einzelnen Kunden zu Gruppen zusammenfassen und klassifizieren. Zudem liefert diese Analyse Informationen über Chancen, Risiken und Entwicklungspotentiale der Kundengruppen. So können die Ergebnisse der Kundenstrukturanalyse helfen, auf der strategischen Ebene Entscheidungen bezüglich Planung und Gestaltung des Marketing- Mix und auf der operativen Ebene Entscheidungen bezüglich Betreuungsmaßnahmen oder gar der Elimination von Geschäftsbeziehungen zu treffen.

---

[33] Vgl. Schulz, B., 1995, S. 118.

3.2 Methoden der Kundenstrukturanalyse

In der Theorie sowie auch in der Praxis existieren mehrere Modelle zur Analyse der Kundenstruktur. Manche Modelle basieren dabei rein auf monetäre Maßgrößen, wie zum Beispiel die ABC- Analyse, während beispielsweise bei der Portfolio- Analyse oder dem RFM- Modell noch weitere, nicht monetäre Größen oder auch Kundenpotentiale mit berücksichtigt werden können. Dabei liefern solche Analysen, die neben monetären auch noch andere berücksichtigen, klarere Entscheidungshilfen. Doch aufgrund des relativ niedrigen Aufwands beschränkt sich ein Großteil der Unternehmen darauf ihre Kunden nur nach Umsätzen zu klassifizieren.

3.2.1 Die Kunden- ABC- Analyse

3.2.1.1 Definition

Eine wichtige Kennzahl, die oft im Zusammenhang mit der Kundenstruktur fällt, ist die Kundenkonzentration. Dabei ist die ABC- Analyse ein Instrument, die Kunden mengen- und wertmäßig aufzuteilen und zu klassifizieren.

Entwickelt wurde diese Analyse ursprünglich für die Warenwirtschaft eines Unternehmens, um die benötigten Produkte für den Einkauf, die Lagerbestände oder eventuell die Verkaufsprodukte wertmäßig und mengenmäßig analysieren zu können, beziehungsweise warenwirtschaftliche und logistische Entscheidungen treffen zu können. Hierfür wurde die Gesamtheit aller zu analysierenden Produkte oder Güter in drei Kategorien eingeteilt (A-Kategorie: hoher Wert- und geringer Mengenanteil, B-Kategorie: mittlerer Wert- und Mengenanteil, C-Kategorie: geringer Wert- und hoher Mengenanteil). Somit wurde eine Rangordnung aller Objekte ermittelt. Doch als die Bedeutung der gezielten Kundenbearbeitung immer wichtiger wurde, fand diese Methode ebenfalls Einzug ins Marketing. Dementsprechend werden hier die Kunden in A- Kunden, B- Kunden und C- Kunden aufgeteilt. Eventuell werden noch weitere Kategorien (C- Kunden, D- Kunden) hinzugenommen, was aber nach den Bedürfnissen unternehmensindividuell festgelegt wird. Bei vielen Unternehmen lässt sich eine 80-20 Struktur des Kundestamms erkennen, wonach 80% des Umsatzes von lediglich 20% der Kunden (die so genannten „Schlüsselkunden" oder auch „Key- Acounts") generiert wird. Diese Struktur, die sich auch in ähnlicher Form in allen Unternehmen wiederfinden lässt, entspricht dem Pareto Prinzip[34].

3.2.1.2 Durchführung der ABC- Analyse

In der Regel wird die ABC- Analyse anhand der durch die Kunden generierten Umsätze durchgeführt, da dies relativ einfach zu handhaben ist. Allerdings kann die Analyse auch aufgrund anderer Merkmale, wie zum Beispiel Deckungsbeiträge durchgeführt werden.

Im ersten Schritt werden die zu untersuchenden Merkmale festgelegt, was im einfachsten Fall der Umsatz pro Kunde ist, sowie die betrachtete Periode. Daraufhin werden die Umsätze für jeden Kunden innerhalb des betrachteten Zeitraums aufaddiert und die Umsatzsummen der Kunden tabellarisch aufgelistet. Zusätzlich werden die prozentualen Anteile der einzelnen Kunden am Gesamtumsatz ermittelt und kumuliert. Anschließend werden anhand des generierten Umsatzes drei oder mehr Klassen gebildet, in die die einzelnen Kunden eingeteilt werden können. Die Grenzen legen die Unternehmen dabei individuell aufgrund von Erfahrungswerten fest. Abbildung 6 zeigt anhand eines fiktiven Beispiels die Kundenstruktur eines Unternehmens.

Abb. 6: Beispiel einer Kundenstruktur eines fiktiven Unternehmens.

	Kundenzahl	Kundenzahl kumuliert in %	Umsatz in EUR	Umsatz kumuliert in %
A- Kunden	5	6	815.748	62
B- Kunden	19	30	325.416	87
C- Kunden	32	70	166.544	99,5
D- Kunden	24	100	6.191	100
Summe	80		1.313.909	

Quelle: Eigene Darstellung

---

[34] Das Pareto- Prinzip, oder auch als 80/20- Regel bekannt, geht auf den Schweizer Ökonom Vilfredo Pareto zurück, der erkannte, dass in vielen Märkten überall auf der Welt ein Großteil der Aktivitäten auf einen Bruchteil der Akteure entfällt. 80 Prozent des Geschehens entfallen auf 20 Prozent der Beteiligten.

Sehr bekannt ist auch die graphische Darstellung der ABC- Analyse. In der Abbildung 7 wird die ermittelte fiktive Kundenstruktur graphisch veranschaulicht, wobei die C- und die D- Kunden zusammengefasst werden.

Abb. 7: Graphische Darstellung der ABC- Analyse

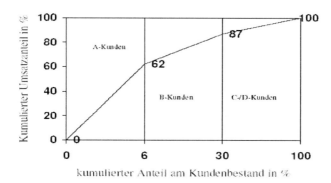

Quelle: Eigene Darstellung

Die oben dargestellte Struktur weicht ein wenig von der üblichen 80-20-Struktur ab, lässt aber ähnliche Tendenzen erkennen. Der Anteil der A-Kunden an der Gesamtkundenzahl beträgt 6 %. Mit diesen Kunden werden ca. 62 % des Gesamtumsatzes erwirtschaftet. Weitere 24 % der Kunden, die sogenannten B-Kunden, bringen ca. 25 % des Umsatzes. Die restlichen 70 % der Kunden (die C und D-Kunden zusammengefasst) liefern nur 13 % des Umsatzes. Dabei ist auffällig, dass der Anteil der A-Kunden mit nur 6 % sehr gering ist, aber trotzdem 62 % des Umsatzes mit ihnen erwirtschaftet werden. Hier sollte auf jeden Fall das Problem der Abhängigkeit von einigen wenigen Kunden nicht aus dem Auge gelassen werden. Dafür ist der Anteil der C- und D-Kunden mit 70 % relativ hoch. Mit ihnen wird jedoch (wie in sehr vielen Unternehmen) nur ein geringer Umsatzanteil erwirtschaftet. Die Wirtschaftlichkeit solcher C-/D-Kunden sollte auf jeden Fall überprüft werden, um zu entscheiden, ob eine Fortsetzung der Geschäftsbeziehung mit diesen Kunden noch sinnvoll ist. Auch wenn – aus der Praxiserfahrung – bei dieser Kundenkategorie i.d.R. höhere Preise erzielt werden können, werden die durch diese Kunden verursachten Kosten oft nicht aufgewogen. Außerdem tragen C-/D-Kunden Komplexität in das Unternehmen hinein;

sie platzieren oft Kleinstaufträge, die in größerer Zahl eine Gefahr für die Effizienz in der Auftragsabwicklung darstellen. Allein durch die ABC-Analyse ist dies allerdings nicht feststellbar, dazu bedarf es kundenorientierter Rentabilitätsberechnungen.

Die ABC-Analyse kann aber auch zur Analyse von Veränderungen der Kundenstruktur im Zeitablauf genutzt werden. Wird z.b. festgestellt, dass die Anzahl der C-Kunden zunimmt, die Kundenkonzentration entsprechend also abnimmt, so stellt dies einen bedeutenden Indikator für daraus folgende Kostenprobleme im Vertrieb dar, auf den dann bereits im Vorfeld entsprechend steuernd eingewirkt werden könnte.

3.2.1.3 Kritik an der ABC- Analyse

Das Verfahren der ABC-Analyse ist einfach und fast überall anzutreffen, aber es besteht die Gefahr der eindimensionalen Betrachtung.[35] Was besagt z.B. ein hoher Umsatz, wenn ein Großkunde seinen Lieferanten in die roten Zahlen führt? Außerdem werden nur Vergangenheitswerte berücksichtigt. Was bringt aber ein hoher Umsatzanteil im letzten Jahr, wenn ein Großkunde vor dem Konkurs steht? In Zukunft wird dieses Instrumentarium nicht mehr ausreichen, um ein Unternehmen langfristig wirtschaftlich abzusichern. Vor allem, weil das Potenzial der Kunden bei der ABC-Analyse völlig unberücksichtigt bleibt. So kann ein C-Kunde beispielsweise tatsächlich einen geringen Bedarf an den Leistungen des Unternehmens haben; er kann aber auch einen großen Bedarf haben, den er im Wesentlichen beim Wettbewerb deckt. Werden solche Kunden in einer Kategorie zusammengefasst, kann dies ggf. zu Fehlentscheidungen führen.

3.2.2 Kundenportfolio

Während bei der ABC- Analyse die Kunden nur anhand eines Kriteriums, also eindimensional klassifiziert wurden und sich daraus nur bedingt Strategien ableiten lassen, so stellt die Kundenportfolioanalyse ein erweitertes, komplexeres Instrument hierzu dar. Dabei werden die einzelnen Kunden oder die analysierten Kundengruppen

---

[35] Vgl. Plinke, W., 1995, S. 129.

ähnlich wie strategische Geschäftseinheiten[36], anhand mehrerer Kriterien in einer Matrix positioniert. Durch die höhere Komplexität der Portfoliotechnik können im Gegensatz zur ABC- Analyse mehrere Ziele verfolgt werden[37]:

- Festlegung der Prioritäten bei der Kundenbearbeitung
- Verteilung von personellen, zeitlichen bzw. finanziellen Ressourcen,
- Ausgangspunkt für die weitere Gestaltung des Marketing-Mix

In der Praxis sind zweidimensionale Portfolioanalysen am Weitesten verbreitet. Es können aber auch mehrere Dimensionen betrachtet werden. Bei der Positionierung werden die Kunden in der klassischen Portfolioanalyse auf vier Felder aufgeteilt. Dabei lassen sich Portfolioanalysen entsprechend ihrer Datenbasis in zwei Arten aufteilen. Zum einen kann die Positionierung aufgrund der durch die Einzelkundenanalyse gewonnenen Daten durchgeführt werden. Sie kann aber auch auf Grundlage von Expertenurteilen erstellt werden.[38]

3.2.2.1 Durchführung der Kundenportfolioanalyse

Da die Portfolioanalyse anhand verschiedener Merkmale erstellt werden kann, sollten zunächst die Anzahl und die Art der Dimensionen der Matrix definiert werden. Dabei hängt die Erstellung der Portfolioanalyse im Wesentlichen von den vorhandenen Daten und der Zielstellung ab.[39] Wie oben genannt fanden vor allem zweidimensionale Ansätze eine große Verbreitung, weshalb im folgenden drei oder mehr Dimensionen nicht berücksichtigt werden.

Zunächst werden die Dimensionen gewählt, die den Zielvorgaben der Analyse entsprechen und anschließend die Ergebnisse der Einzelkundenanalyse gesammelt und auf die benötigten Kriterien verdichtet. Letztendlich sollte für jedes Kriterium eine Skala entstehen, anhand deren ein Kunde eindeutig zugeordnet werden kann. Weit verbreitet sind in diesem Zusammenhang die Dimensionen Kundenattraktivität, beziehungsweise Kundenwert und Anbieterposition. Die zwei Skalen lassen sich nun zu

---

[36] Die Portfoliotechnik wurde ursprünglich von der Boston Consulting Group zur Positionierung von Geschäftsfeldern entwickelt. Deren Anwendung fand aber ebenfalls Einzug in das Beziehungs-Marketing, da sich diese Analyse auf verschieden Analyseobjekte Anwenden lässt.
[37] Vgl. Schulz, B., 1995, S. 126.
[38] Vgl. Ebd. S. 126.
[39] Vgl. Meffert, H./Bruhn, M., 2000, S. 140.

einer zweidimensionalen Matrix zusammenfügen, die in vier oder eventuell mehr Felder eingeteilt wird. Abbildung 8 zeigt die Kundenportfoliomatrix mit den zwei Dimensionen Kundenwert und Anbieterposition. Der Kundenwert lässt sich aus den vorrausgegangenen Analysen, wie zum Beispiel der Deckungsbeitragsanalyse oder des Customer Lifetime Value ermitteln, wobei aber auch das Potential mit einfließen sollte. Die Anbieterposition stellt die Position des Unternehmens zum Kunden dar. Diese zielt vor allem auf die Stellung als Anbieter im Vergleich zur Konkurrenz bei dem entsprechenden Kunden ab.[40] Das bedeutet konkret, dass diese Kennzahl im Allgemeinen meist aus dem Lieferanteil beim Kunden besteht. Diese Kennzahl kann auch um qualitative Kriterien wie, z.B. die Qualität der Geschäftsbeziehung oder die Kundenzufriedenheit, ergänzt werden.

Abb. 8: Aufbau eines Kundenportfolios

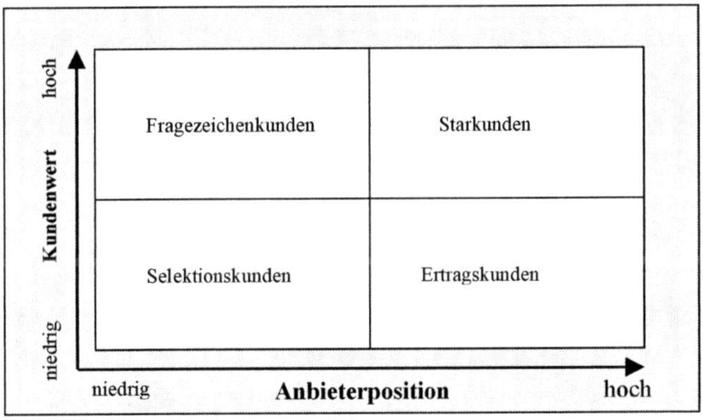

Quelle: In Anlehnung an Bruhn, M., 1999, S. 126

Für die vier verschiedenen Kategorien können dann schließlich Normstrategien abgeleitet werden:

- **Fragezeichenkunden**

Diese Kunden sind zum einen sehr attraktiv (sie verkörpern z.B. Wachstumspotenziale), wissen meist um diese Attraktivität und sind aus diesem Grund auch relativ anspruchsvoll (sie erwarten z.B. speziellen Service, spezielle Konditionen etc.). Die

---

[40] Vgl. Schulz, B., 1995, S. 128.

Anbieterposition ist relativ schwach. Das Unternehmen steht dabei vor einer Entscheidung zwischen zwei möglichen Alternativen:

· Out, d.h. stark reduzierter Ressourceneinsatz, gegebenenfalls Aufgabe der Geschäftsbeziehung

· Big Step, d.h. sehr intensiver Ressourceneinsatz, z.b. Aufbau neuer persönlicher Kontakte, Angebot spezieller individualisierter Leistungspakete

Die Entscheidung für „Out" bedeutet, dass der Kunde aufgegeben und nicht weiter bearbeitet wird. Die hier als „Big Step" bezeichnete Alternative zur Aufgabe des Kunden, bedeutet den mit sehr hohen Kosten verbundenen Versuch, die Anbieterposition beim Kunden zu stärken. Bei erfolgreicher Bearbeitung durch die Investitionsstrategie stellt diese Gruppe die Starkunden von morgen dar. Man sollte sich allerdings auch der Gefahr bewusst sein, dass es unter Umständen zu einem auf Dauer erfolglosen und kostenintensiven Anrennen bei den Kunden kommen kann. Vorteilhaft sind hier klare quantifizierte Ziele und zeitliche Vorgaben.[41] Werden diese nicht erreicht, ist gegebenenfalls die zweite Alternative („Out") der sinnvollere Weg, um die Ressourcen zu schonen.

- **Starkunden**

Die Starkunden sind häufig der Kern des Geschäftes, binden aber im allgemeinen auch beträchtliche Ressourcen. Der Starkunde besitzt zum einen hohe Attraktivität. Darüber hinaus ist auch die Anbieterposition des eigenen Unternehmens sehr gut. Die gute Position soll über eine fokussierte Kundenbindungsstrategie gehalten bzw. sogar noch weiter ausgebaut werden. Die damit verbundenen hohen Kosten und der dadurch geringe bis negative kundenspezifische Deckungsbeitrag liegen auf der Hand. Gerade bei diesen Kunden ist die Gefahr der Abwerbung durch den Wettbewerb permanent gegeben.

- **Selektionskunden**

Diese Gruppe von Kunden, bei denen sowohl die Kundenattraktivität als auch die Anbieterposition eher gering ist, spielt eine ähnliche Rolle wie die C-Kunden bei der ABC-Analyse. Als Normstrategie wird hier „selektiver Rückzug" empfohlen. Sind es doch gerade diese Kunden, die beispielsweise durch Kleinaufträge meist das

---

[41] Vgl. Bruhn, M., 1999, S. 125.

schlechteste Verhältnis zwischen erzielbarem Umsatz und eingesetzten Ressourcen darstellen. So werden Ressourcen gebunden, die bei den anderen drei Kundengruppen wohl besser zu investieren wären.[42] Allerdings muss die Bewertung eines Kunden als „Selektionskunde" nicht automatisch die Aufgabe dieses Kunden bedeuten, vielmehr können auch alternative, undifferenzierte Kundenbindungsmaßnahmen (zum Beispiel allgemeiner Telefonservice) eingesetzt werden.

- **Ertragskunden**

Die Kundenattraktivität ist eher gering, dafür ist die Anbieterposition stark. In diese Kunden soll nur soviel investiert werden, wie nötig ist, um die Kundenbeziehung auf dem derzeitigen Niveau zu halten. Bei diesen Kunden werden die Finanzmittel abgeschöpft, die für die Investitionen in die erfolgsträchtigen Fragezeichenkunden bzw. in die Starkunden benötigt werden.[43] Hier könnte überlegt werden, ob kostengünstigere Kundenbindungsmaßnahmen wie zum Beispiel Kundenclubs, sinnvoll wären.

Die Analyse der Kundenstruktur mittels der beiden dargestellten Kennzahlen „Kundenwert" und „Anbieterposition" und dem daraus ermittelten Kundenportfolio, kann eine Hilfestellung zur Bereinigung bzw. zur langfristigen Anpassung der Kundenstruktur darstellen. Mit ihrer Hilfe soll eine ausgewogene, sowohl auf die derzeitige Ertragsposition, als auch auf die zukünftigen Entwicklungen ausgerichtete Kundenstruktur aufgebaut werden. Das Ziel ist eine optimale Mischung aus Star-, Fragezeichen-, Ertrags- und Selektionskunden.[44]

3.2.2.2 Generelle Probleme beim Einsatz der Portfoliotechnik

Obwohl die Portfoliotechnik zur Bewertung von Kundenbeziehungen schon weiterentwickelt und komplexer ist und somit exaktere Ergebnisse zur Strategiefindung als zum Bespiel die einfache ABC- Analyse bietet, existieren doch einige Kritikpunkte bei der Erstellung und der Strategieableitung. So führt bei der Erstellung des Portfolios die Verdichtung der Informationen auf zwei Dimensionen zwangsläufig zu einem Informationsverlust.[45] So wird ein großer Teil der Daten aus der Einzelkundenanalyse

---

[42] Vgl. Homburg, Ch., 1997
[43] Vgl. Bruhn, M. 1999, S. 125.
[44] Vgl. Ebd. 1999, S. 126.
[45] Vgl. Schulz, B., 1995, S. 149.

gar nicht berücksichtigt, wodurch die Gefahr besteht, dass spätere Ergebnisse eventuell verzerrt sein können. Zudem werden in der Regel zeitliche Aspekte nicht berücksichtigt, dass heißt die Portfolioansätze beschränken sich in der Regel auf eine Ist- Bewertung ohne Zeithorizont oder ohne Soll- Portfolio.[46] Die Erstellung eines solchen Zeithorizonts oder Soll- Portfolios ist zwar von wesentlicher Bedeutung für exakte Strategien, doch da es anhand mehrerer Szenarien erstellt werden muss, ist es sehr aufwendig. Darüber hinaus ist die Portfolioanalyse mit einer Vierfelder- Matrix nur bedingt zur genauen Strategiefindung geeignet, da die Einteilung aller Kunden in lediglich vier Segmente, eine Trivialisierung der Situation und der Möglichkeiten des Unternehmens bedeutet. Diese Betrachtung erscheint noch recht undifferenziert, und bietet somit noch keine direkte Grundlage, um eindeutige Entscheidungen treffen zu können. Aus diesem Grund erscheint es sinnvoll, diesen einfachen Portfolioansatz durch mehr Kategorien zu ergänzen. Beispielsweise könnten die Kunden in eine Neunfelder- Matrix eingeteilt werden.

3.2.3 Weitere Analysemethoden

3.2.3.1 Klassifikationsschlüssel

Klassifikationsschlüssel werden häufig in Großunternehmen mit hoher Kundenzahl verwendet. Anhand eines firmenspezifischen Kundenschlüssels werden Kundeninformationen dargestellt. Es können z.B. demografische, geografische und Umsatzzahlen zusammengefasst werden. Vorteil dieser Methode ist die einfache Bewältigung nahezu jeder Kundendatenbank und die selektive Betreuung nach Orten, Kauferwartungen etc.. Nachteil dieser Methode ist die Entwicklung zum anonymen Zahlenfriedhof, da der Kunde hier nur aus Zahlen besteht.

3.2.3.2 RFM- Modell

Bei dieser Methode wird der Kunde nach dem Zeitpunkt seines letzten Kaufes (Recency), nach Kaufhäufigkeit (Frequency) und dem Kaufwert (Monetary Ratio) beurteilt. Der Kunde, der kürzlich gekauft hat, wird höher bewertet als der, der vor

---

[46] Vgl. Schulz, B., 1995, S. 141.

langer Zeit gekauft hat. Jemand der oft kauft ist mehr wert, als einer der gelegentlich kauft. Je nach Kaufverhalten bekommen die Kunden Punktezuschläge oder –abschläge. Wenn in die Kunden investiert wird, werden Punkte abgezogen (z.b. Informationsmaterial zusenden etc.). Je höher die Punktezahl des Kunden, desto höher ist dieser in seiner Bedeutung für das Unternehmen einzustufen. Es besteht hier allerdings die Gefahr eines einseitigen Kundenbildes und der Vernachlässigung des künftigen Kundenpotentials.[47]

4. Fazit

Abschließend lässt sich sagen, dass aufgrund der Entwicklungen im Käuferverhalten und des hohen Wettbewerbs eine relationsorientierte Sicht im Marketingverständnis wesentlich sinnvoller erscheint, als eine rein transaktionsorientierte. Dabei sollte im Mittelpunkt eines strategischen Managements von Kundenbeziehungen eine konsequente Optimierung des gesamten Kundenstamms, beziehungsweise einzelner Lebenszyklusphasen, sowie die Ausschöpfung von brachliegenden Potentialen stehen.[48] Dabei ist das Vorhandensein einer Kundendatenbank, die vielfältige kundenspezifische Informationen speichern und im Rahmen einer Potentialanalyse auswerten kann, vorrausgesetzt.

Doch in der Praxis ist eine differenzierte Optimierung des Kundenstamms viel zu selten anzutreffen. So betreiben zu viele Unternehmen immer noch eine undifferenzierte Strategie der Umsatzmaximierung. Aspekte der Kostensenkung oder der Effizienzsteigerung werden dabei oft vernachlässigt. Nicht selten führt dies zu dem Bemühen, sämtliche Kundenbeziehungen aufrecht zu erhalten, um so eine Kundenfluktuation von null zu erreichen. Dabei kann eine Fokussierung auf einen ausgewählten Kundenkreis, zu dem enge und profitable Geschäftsbeziehungen aufgebaut werden, dem Unternehmen als Erfolgsstrategie dienen. Dies setzt voraus, dass Investitionen in Kundenbeziehungen im Hinblick auf ihre langfristige Erfolgswirkung differenzierter und kritischer als bisher betrachtet werden.

Zielführend ist also nicht nur der Aufbau von langfristigen Kundenbeziehungen, sondern auch eine differenzierte Kundenbearbeitung bzw. gegebenenfalls eine

---

[47] Vgl. Schulz, B., 1995, S. 144.
[48] Vgl. Ebd. S. 307.

Bereinigung der Kundenstruktur. Voraussetzung hierfür, ist natürlich zunächst die Kenntnis und Anwendung von Instrumentarien zur Analyse der Kunden, wie sie in dieser Arbeit vorgestellt wurden. Aus den Analyseergebnissen können dann wiederum strategische und operative Gestaltungsmaßnahmen bezüglich der Kundenstruktur abgeleitet werden.

5. Literaturverzeichnis

Bruhn, M. (1999): Kundenorientierung. Bausteine eines exzellenten Unternehmens, München 1999.

Hasselkamp, E.; Lorenzen, M.; Kothes, B.: Kunden in den Mittelpunkt?; in: Absatzwirtschaft, 40. Jahrg., Ausgabe November 1997, S. 153.

Homburg, Ch. (1997): Marktorientiertes Kostenmanagement. Kosteneffizienz und Kundennähe verbinden, Frankfurt am Main 1997.

Link, J. (1993): Database Marketing und Computer Aided Selling, München 1993.

Link, J. (2000): Marketing- Controlling. Systeme und Methoden für mehr Markt- und Unternehmenserfolg. München 2000.

Meffert, H. / Bruhn, M. (2000): Dienstleistungsmarketing. Grundlagen- Konzepte- Methoden, Wiesbaden 2000.

Plienke, W. (1995): Bedeutende Kunden, Berlin 1997.

Schulz, B. (1995): Kundenpotentialanalyse im Kundenstamm von Unternehmen, Frankfurt am Main 1995.

Die Analyse des Kundenwerts und der Kundenstruktur zur Bewertung von Kundenbeziehungen

Seminararbeit

Gliederung

1. Die Bedeutung des Kundenwertes und des Kundenpotentials

2. Methoden zur Analyse des Kundenwertes

3. Die Analyse der Kundenstruktur zur Bewertung von Kundenbeziehungen

4. Anwendung der ABC- Analyse mit MS- Excel

Thomas Runte
WDM01BGR

Die Bedeutung des Kundenwertes und des Kundenpotentials

- Unternehmen verfügen über einen sehr heterogenen Kundenstamm

  ⇑ Nicht jede Beziehung zum Kunden ist rentabel

  ⇑ Nach der Pareto Regel werden 80% des Umsatzes von 20% der Kunden generiert.

  ⇑ Wert des Kunden für das Unternehmen spielt eine entscheidende Rolle

- Analyse der Kunden im Kundenstamm sinnvoll, zur Effizienzsteigerung der Kundenpflege

  ⇑ Konzentration der knappen Ressourcen auf die Beziehung zu den „wichtigen" Kunden

  ⇑ Gegebenenfalls Abbau von unattraktiven Kundenbeziehungen

Thomas Runte
WDM01BGR

Die Bedeutung des Kundenwertes und des Kundenpotentials

Informationsgrundlage:

Monetäre Messgrößen:

- ➤ Umsatz
- ➤ Deckungsbeitrag
- ➤ Etc.

Informelle Messgrößen:

- ➤ Beschwerdehäufigkeit
- ➤ Persönlicher Kontakt
- ➤ Loyalität
- ➤ Etc.

Kundenpotential:

- ➤ Monetäres Potential
- ➤ Referenzpotential

Thomas Runte
WDM01BGR

Die Bedeutung des Kundenwertes und des Kundenpotentials

Informationsgewinnung:

Interne Datenquellen:
- ➤ Außendienstberichte
- ➤ Auftragseingansstatistik
- ➤ Kostenrechnung
- ➤ Beschwerdestatistik

Externe Datenquellen:
- ➤ Allgemeine amtliche Statistiken
- ➤ Zeitungen
- ➤ Marktforschungsinstitute

Gliederung

1. Die Bedeutung des Kundenwertes und des Kundenpotentials

2. Methoden zur Analyse des Kundenwertes

3. Die Analyse der Kundenstruktur zur Bewertung von Kundenbeziehungen

4. Anwendung der ABC- Analyse mit MS- Excel

5/25/2004

Thomas Runte
WDM01BGR

6

2.1 Ermittlung des Kundenwertes anhand von monetären Größen

2.2 Nicht monetäre Kundenwerte und Kundenpotential

2.1.1 Analyse des Umsatzes pro Kunde

- ▨ Einfachste Methode

- ▨ Wird in den meisten kleinen Unternehmen durchgeführt

- ▨ Je größer der Umsatz des Kunden, desto größer sein Wert

- ▨ Eindimensionaler, zu trivialer Einblick auf die Wertigkeit des Kunden

  ⇨ Aufwände werden nicht berücksichtigt

- ▨ Zu geringer Informationswert

  ⇨ Nicht ausreichend für strategische Entscheidungen

Thomas Runte
WDM01BGR

Methoden zur Analyse des Kundenwertes

2.1.2 Analyse des Deckungsbeitrags pro Kunde

- Vom Kunden erwirtschaftete Umsätze werden den spezifischen Kosten gegenübergestellt

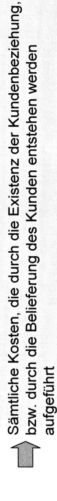 Sämtliche Kosten, die durch die Existenz der Kundenbeziehung, bzw. durch die Belieferung des Kunden entstehen werden aufgeführt

- Je größer der Deckungsbeitrag, desto größer die Bedeutung des Kunden für das Unternehmen

Kritikpunkt: Rein gegenwartsbezogene Untersuchung

⇧ Gefahr der Überinterpretation von Kundenbeziehungen

2.1.2 Analyse des Deckungsbeitrags pro Kunde

Berechnung des Kundendeckungsbeitrags:

Kunden-Bruttoumsatz der Periode

./. Erlösschmälerungen (z.B. Rabatte, Skonti)

= **Kunden-Nettoerlöse der Periode**

./. Kosten der vom Kunden bezogenen Leistungen (= variable Kosten)

= **Kunden-DB I**

./. eindeutig kundenbedingte Auftragskosten (z.B. Auftragsabwicklung)

= **Kunden-DB II (Summe der Auftrags-Deckungsbeiträge)**

./. eindeutig kundenbedingte Verkaufs-/Besuchskosten

./. sonstige relative Einzelkosten des Kunden der Periode (z.B. Gehalt eines
Key-Account-Managers, Mailing-Kosten, Zinsen auf Forderungs-
Außenstände etc.)

= **Kunden-DB III**

Methoden zur Analyse des Kundenwertes

2.1.3 Der Customer- Lifetime Value (CLV)

- Kundenwert wird dynamisch über einen größeren Zeitraum hin untersucht

    ⇧ Langfristiger Wert der eventuell lebenslangen Kundenbeziehung

- Kapitalwertformel bildet den Ausgangspunkt

    ⇧ Errechnung des Wertes durch die Addition aller, über die Dauer der Geschäftsbeziehung zu erwartenden Umsätze abzüglich aller direkt zurechenbaren Kosten

Problematisch: Exakte Informationsbeschaffung

2.1.3 Der Customer- Lifetime Value (CLV)

Die Formel lautet wie folgt:

$$Kundenwert = -A + \sum_{t=1}^{n}(E_t - K_t) * d^{-t}$$

A= Anfangsinvestition (zum Beispiel Verwaltungskosten zur Aufnahme des Kunden in die Datenbank oder Akquisitionskosten)

E= Einnahmen im Zeitpunkt t (zum Beispiel potentieller Umsatz pro Kunde, Cross – Buying –Potentiale)

K= Ausgaben im Zeitpunkt t (zum Beispiel Betreuungskosten, Verwaltungskosten, Telefonkosten)

t= Jahr

n= geschätzte Dauer der Geschäftsbeziehung

d= Diskontierungsrate (1+i)

i= Zinssatz der Investition

Thomas Runte
WDM01BGR

Methoden zur Analyse des Kundenwertes

2.1.3 Der Customer- Lifetime Value (CLV)

Phasen der Kundenbeziehung:

1. Phase der Kenntnisnahme (Awareness)

   ➤ Einzahlungen des Kunden praktisch gleich null

   ➤ Kunde muss auf die Leistungen aufmerksam gemacht werden

   ➤ große Marketinganstrengungen

   ➤ Kundenspezifische Deckungsbeiträge negativ

2. Phase der frühen Entwicklung (Explorations- Phase)

   ➤ Erste Interaktionen und erste Umsätze

   ➤ Kunde testet das Produkt

   ➤ Sehr instabile Phase mit hohen Marketinganstrengungen

   ➤ Ausgaben sind trotzdem meist noch höher als Einnahmen

Thomas Runte
WDM01BGR

2.1.3 Der Customer- Lifetime Value (CLV)

3. Phase der späten Entwicklung

➢ Beziehung zwischen Anbieter und Kunde intensiviert sich

➢ Umsatz steigt signifikant an

➢ Marketinganstrengungen und somit Ausgaben werden reduziert

4. Phase der höchsten Einbindung (Commitment)

➢ Beziehung weitestgehend gefestigt

➢ Kunde sucht kaum nach Alternativen

➢ Kostensenkungspotentiale können realisiert werden

➢ Deckungsbeiträge sind am höchsten

Thomas Runte
WDM01BGR

Methoden zur Analyse des Kundenwertes

2.1.3 Der Customer- Lifetime Value (CLV)

Kundenwerte zweier Branchen im Zeitverlauf

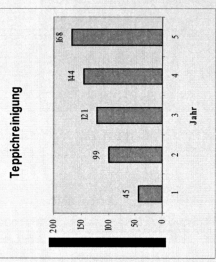

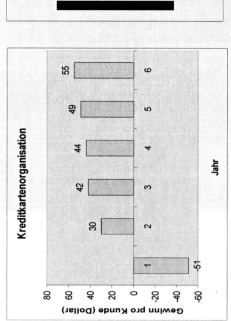

Thomas Runte
WDM01BGR

Methoden zur Analyse des Kundenwertes

2.2 Nicht monetäre Kundenwerte und Kundenpotential

Cross- Selling- Potential

Möglichkeit / Wahrscheinlichkeit beim Kunden weitere Produkte oder Dienstleistungen, als die bisher genutzten, abzusetzen

➪ Kundenzufriedenheit

Frage: Werden Sie über die bisherigen Leistungen hinaus noch andere Leistungen dieser Bank bzw. Sparkasse nutzen?

	Enttäuschte Kunden	Zufriedengestellte Kunden	Überzeugte Kunden
Bestimmt/wahrscheinlich ja	**16%**	**31%**	**43%**
Eventuell	13%	30%	25%
Wahrscheinlich / bestimmt nicht	71%	39%	32%

Thomas Runte
WDM01BGR

Methoden zur Analyse des Kundenwertes

2.2 Nicht monetäre Kundenwerte und Kundenpotential

Referenzpotential

Potential des Kunden, das sich in der
Weiterempfehlung des Unternehmens ausdrückt

 Kundenzufriedenheit

Studie einer Bank

Weiterempfehlungsrate von enttäuschten Kunden **16%**

Weiterempfehlungsrate von zufriedenen Kunden **62%**

Weiterempfehlungsrate von überzeugten Kunden **88%**

Thomas Runte
WDM01BGR

Methoden zur Analyse des Kundenwertes

2.2 Nicht monetäre Kundenwerte und Kundenpotential

Loyalitätspotential

- Besonders loyale Kunden werden zu einem langfristig positiven Ergebnis der Geschäftsbeziehung beitragen

- Unternehmen können langfristig mit dem Deckungsbeitrag rechnen

→ Kundenzufriedenheit

Studie einer Bank

Wahrscheinlichkeit einer Geschäftsabnahme bei enttäuschten Kunden **30%**

Wahrscheinlichkeit einer Geschäftsabnahme bei zufriedenen Kunden **5%**

Wahrscheinlichkeit einer Geschäftsabnahme bei überzeugten Kunden **2%**

Thomas Runte
WDM01BGR

Gliederung

1. Die Bedeutung des Kundenwertes und des Kundenpotentials

2. Methoden zur Analyse des Kundenwertes

3. Die Analyse der Kundenstruktur zur Bewertung von Kundenbeziehungen

4. Anwendung der ABC- Analyse mit MS- Excel

Thomas Runte
WDM01BGR

Die Analyse der Kundenstruktur zur
Bewertung von Kundenbeziehungen

3.1 Die Kunden- ABC- Analyse

- Methode, um Kunden wert- und mengenmäßig zu klassifizieren

- Ursprünglich entwickelt für die Warenwirtschaft
  (Klassifizierung der Produkte oder Güter)

Ziel der Analyse: Ermittlung einer Rangordnung der Kunden im
                 Kundestamm

Thomas Runte
WDM01BGR

Die Analyse der Kundenstruktur zur Bewertung von Kundenbeziehungen

3.1 Die Kunden- ABC- Analyse

**Einteilung in A-, B- und C- Kunden
(eventuell noch D- Kunden)**

C- Kategorie: Geringer Wert- und hoher Mengenanteil

B- Kategorie: Mittlerer Wert- und mittlerer Mengenanteil

A- Kategorie: Hoher Wert- und geringer Mengenanteil

„Schlüsselkunden" (Key- Acounts)

Thomas Runte
WDM01BGR

Die Analyse der Kundenstruktur zur Bewertung von Kundenbeziehungen

3.1 Die Kunden- ABC- Analyse

1. Definition der zu untersuchenden Periode

2. Definition der für die Unternehmung relevanten Klassen

3. Addition aller durch die einzelnen Kunden generierten Umsätze

4. Klassifizierung der Kunden

5. Ermittlung der Anteile der Klassen an der gesamten Kundenanzahl

6. Ermittlung der prozentualen Anteile der Kunden am Gesamtumsatz

7. Addition der prozentualen Anteile innerhalb einer Klasse

Thomas Runte
WDM01BGR

Die Analyse der Kundenstruktur zur Bewertung von Kundenbeziehungen

3.1 Die Kunden- ABC- Analyse

Beispiel einer Kundenstruktur

	Kundenzahl	Kundenzahl kumuliert in %	Umsatz in EUR	Umsatz kumuliert in %
A- Kunden	5	6	815.748	62
B- Kunden	19	30	325.416	87
C- Kunden	32	70	166.544	99,5
D- Kunden	24	100	6.191	100
Summe	80		1.313.909	

Thomas Runte
WDM01BGR

Die Analyse der Kundenstruktur zur
Bewertung von Kundenbeziehungen

3.1 Die Kunden- ABC- Analyse

Graphische Darstellung der ABC- Analyse

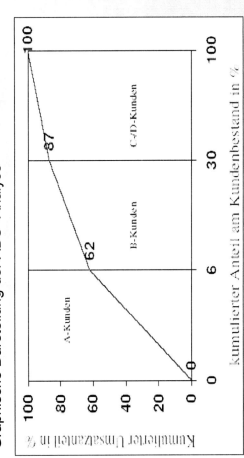

Die Analyse der Kundenstruktur zur Bewertung von Kundenbeziehungen

Vorteile der ABC- Analyse:

➢ Einfache Durchführung

➢ Keine ausgefeilten Controlling- Instrumente notwendig

⇧ Wird besonders von kleinen und
mittelständigen Unternehmen angewendet

Kritik an der ABC- Analyse: Gefahr der eindimensionalen Betrachtung

Gefahr von Fehlentscheidungen

Thomas Runte
WDM01BGR

25

Die Analyse der Kundenstruktur zur
Bewertung von Kundenbeziehungen

3.2 Kundenportfolio

Wurde ursprünglich von der Boston Consulting Group zur
Positionierung von Geschäftsfeldern entwickelt

⇨ Lässt sich jedoch auf verschiedene Analyseobjekte übertragen

Die Kundenportfolioanalyse wird im Gegensatz zur ABC-
Analyse anhand von zwei Merkmalen durchgeführt

⇨ Zweidimensionale Matrix

Die Analyse der Kundenstruktur zur Bewertung von Kundenbeziehungen

3.2 Kundenportfolio

1. Wahl der Dimensionen (Merkmale)

2. Ergebnisse der Einzelkundenanalyse werden gesammelt

3. Verdichtung der Ergebnisse auf die gewählten Dimensionen

4. Zuordnung der Kunden anhand einer Skala für jedes Kriterium

5. Verknüpfung der zwei Skalen zu einer Matrix

Thomas Runte
WDM01BGR

Die Analyse der Kundenstruktur zur
Bewertung von Kundenbeziehungen

3.2 Kundenportfolio

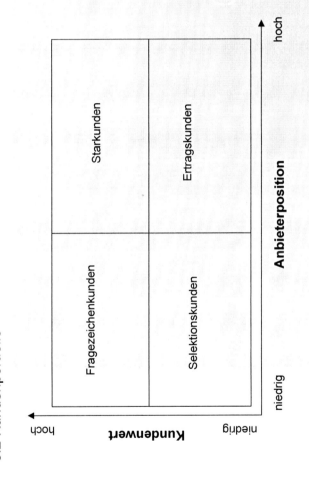

Thomas Runte
WDM01BGR

Die Analyse der Kundenstruktur zur
Bewertung von Kundenbeziehungen

3.2 Kundenportfolio

Normstrategien für die einzelnen Felder

Fragezeichenkunden:
- ➢ Sehr attraktive Kunden (Wachstumspotentiale)
- ➢ Relativ anspruchsvoll
- ➢ Niedrige Anbieterposition

Handlungsstrategien:

- ➢ Out (reduzierter Ressourceneinsatz, ggf. Aufgabe)
- ➢ Big Step (intensiver Ressourceneinsatz)

Die Analyse der Kundenstruktur zur Bewertung von Kundenbeziehungen

3.2 Kundenportfolio

Starkunden:

➤ Häufig Kern des Geschäfts

➤ Binden beträchtliche Ressourcen

➤ Position sollte gehalten werden

Selektionskunden:

➤ Selektiver Rückzug

Ertragskunden:

➤ Niedrige Kundenattraktivität

➤ Finanzmittel abschöpfen

Die Analyse der Kundenstruktur zur
Bewertung von Kundenbeziehungen

3.2 Kundenportfolio

Kritik an der Portfolioanalyse:

➢ Beschränkt sich nur auf eine IST- Wertung

➢ Einteilung in vier Felder relativ vereinfacht

⬆ Ergänzung durch mehrere Kategorien

Thomas Runte
WDM01BGR

Fazit

Kundenoptimierung als Mittelpunkt eines strategischen Managements von Kundenbeziehungen

⇧ Vorhandensein einer Kundendatenbank und eines verursachergerechten Kostencontrolling notwendig

Zielführend: Nicht nur Aufbau von langfristigen Kundenbeziehungen, sondern differenzierte Kundenbetreuung

? Noch Fragen ¿

Thomas Runte
WDM01BGR

Gliederung

1. Die Bedeutung des Kundenwertes und des Kundenpotentials

2. Methoden zur Analyse des Kundenwertes

3. Die Analyse der Kundenstruktur zur Bewertung von Kundenbeziehungen

4. Anwendung der ABC- Analyse mit MS- Excel

Thomas Runte
WDM01BGR

Anwendung:

Die ABC- Analyse mit MS- Excel

Thomas Runte
WDM01BGR

Gegeben sei folgende Situation

	A	B
1	Kunden Nummer	Umsatz pro Jahr
2	10001	56000,00
3	10002	3000,00
4	10003	2500,00
5	10004	4800,00
6	10005	9800,00
7	10006	2300,00
8	10007	33000,00
9	10008	36000,00
10	10009	2400,00
11	10010	1000,00
12	10011	80000,00
13	10012	97000,00
14	10013	66000,00
15	10014	22000,00
16	10015	12000,00
17	10016	34000,00
18	10017	2300,00
19	10018	6500,00
20	10019	4500,00
21	10020	8900,00
22	10021	2100,00
23	10022	25000,00
24	10023	2000,00
25	10024	4800,00
26	10025	7500,00

Der erste Schritt bei der ABC-Analyse ist die Abgrenzung der Klassen.

Mit den 25 Kunden erwirtschaftet das Unternehmen jährlich zwischen 1.000,00 und 97.000,00.

Ermittlung der Klassen:

Im vorliegenden Beispiel bietet sich eine

Unterteilung der Klassen nach folgenden Größen

an:

A = größer 50.000,00

B = zwischen 10.000,00 und 50.000

C = kleiner 10.000,00

Vorgehensweise:

Man gibt in Zelle C2 folgenden Formel ein:

=WENN(B2:B26>=50000;"A";WENN(UND(B2:B26>=10000;B2:B26<50000);"B";"C"))

danach kopiert man die Formel bis Zelle C26. Das Ergebnis sieht wie folgt aus.

Thomas Runte
WDM01BGR

Die Formel in Spalte C teilt die

Kunden in die jeweiligen

Klassen ein.

	A	B	C
1	Kunden Nummer	Umsatz pro Jahr	Klassen
2	10001	56000,00	A
3	10002	3000,00	C
4	10003	2500,00	C
5	10004	4800,00	C
6	10005	9800,00	C
7	10006	2300,00	C
8	10007	33000,00	B
9	10008	36000,00	B
10	10009	2400,00	C
11	10010	1000,00	C
12	10011	80000,00	A
13	10012	97000,00	A
14	10013	66000,00	A
15	10014	22000,00	B
16	10015	12000,00	B
17	10016	34000,00	B
18	10017	2300,00	C
19	10018	6500,00	C
20	10019	4500,00	B
21	10020	8900,00	C
22	10021	2100,00	C
23	10022	25000,00	B
24	10023	2000,00	C
25	10024	4800,00	C
26	10025	7500,00	B

Der nächste Schritt ist die Ermittlung der Häufigkeit, d.h. wie

viele Kunden befinden sich in den jeweiligen Klassen. Die

Formel dafür lautet:

=ZÄHLENWENN(C:C;"A")

Diese Formel bewirkt, dass in der entsprechenden Zelle immer dann die Zahl „1"

addiert wird, wenn in der Spalte C(C:C) das Attribut „A" auftaucht.

Damit auch die Häufigkeiten der anderen Klassen ermittelt werden, muss man

diesen Schritt entsprechend wiederholen

mit den Formeln

=ZÄHLENWENN(C:C;"B")

und

=ZÄHLENWENN(C:C;"C")

Auf dem Arbeitsblatt sieht das dann wie folgt aus:

	A	B	C	D	E	F
1	Kunden Nummer	Umsatz pro Jahr	Klasse		Klassen	Häufigkeit
2	10001	56000,00	A		A	4
3	10002	3000,00	C		B	8
4	10003	2500,00	C		C	13
5	10004	4800,00	C			25
6	10005	9800,00	C			
7	10006	2300,00	C			
8	10007	33000,00	B			
9	10008	36000,00	B			
10	10009	2400,00	C			
11	10010	1000,00	C			
12	10011	80000,00	A			
13	10012	97000,00	A			
14	10013	66000,00	A			
15	10014	22000,00	B			
16	10015	12000,00	B			
17	10016	34000,00	B			
18	10017	2300,00	C			
19	10018	6500,00	C			
20	10019	4500,00	B			
21	10020	8900,00	C			
22	10021	2100,00	C			
23	10022	25000,00	B			
24	10023	2000,00	C			
25	10024	4800,00	C			
26	10025	7500,00	B			

Den Gesamtumsatz bekommt man indem man die Summe der Spalte C berechnet:

=SUMME(B2:B26)

Den Umsatz der einzelnen Klassen erhält man mit der Formel:

=SUMMEWENN(C2:C26;"A";B2:B26)

Diese Formel besagt: Wenn im Bereich der Spalte C das Attribut A auftauchte addiere den Wert aus Spalte B.
Das gleiche führt man für die Klassen B und C durch:

=SUMMEWENN(C2:C26;"B";B2:B26)

und

=SUMMEWENN(C2:C26;"C";B2:B26)

Auf dem Arbeitsblatt sieht das dann wie folgt aus:

	A	B	C	D	E	F	G
1	Kunden Nummer	Umsatz pro Jahr	Klasse		Klassen	Häufigkeit	Umsatz
2	10001	56000,00	A		A	4	299000
3	10002	3000,00	C		B	8	187000
4	10003	2500,00	C		C	13	52400
5	10004	4800,00	C			25	
6	10005	9800,00	C				
7	10006	2300,00	C				
8	10007	33000,00	B				
9	10008	36000,00	B				
10	10009	2400,00	C				
11	10010	1000,00	C				
12	10011	80000,00	A				
13	10012	97000,00	A				
14	10013	66000,00	A				
15	10014	22000,00	B				
16	10015	12000,00	B				
17	10016	34000,00	B				
18	10017	2300,00	C				
19	10018	6500,00	C				
20	10019	4500,00	B				
21	10020	8900,00	C				
22	10021	2100,00	C				
23	10022	25000,00	B				
24	10023	2000,00	C				
25	10024	4800,00	C				
26	10025	7500,00	B				
27	Gesamtumsatz	538400,00					

Thomas Runte
WDM01BGR

Im nächsten Schritt werden die Prozentualen Anteile der Verschiedenen Klassen - zum einen am Gesamtumsatz und zum anderen an der Kundenmenge - berechnet.

Hierzu werden zunächst in zwei neuen Spalten (Umsatzanteil, Kundenanteil) das Zellformat auf Prozent eingestellt. Dies erreicht man über das Menü FORMAT, Menüpunkt ZELLEN auf der Karteikarte ZAHLEN.

Um den Umsatz der Klasse A in Beziehung zu setzten mit dem Gesamtumsatz bedarf es der Formel:

=G2/B27

in Zelle G2 steht der Umsatz der Klasse A, in Zelle B27 der Gesamtumsatz.

Zur Berechnung der Anteile der Klassen B und C geht man analog vor. Formeln sind:

=G3/B27

und

=G4/B27

Zur Berechnung der Kundenanteile an den einzelnen Gruppen teilt man die Anzahl der Kunden je Klasse, durch die Gesamtmenge der Kunden.

	A	B	C	D	E	F	G	H	I
1	Kunden Nummer	Umsatz pro Jahr	Klasse		Klassen	Häufigkeit	Umsatz	Umsatzanteil	Kundenanteil
2	10001	56000,00	A		A	4	299000	56%	16%
3	10002	3000,00	C		B	8	187000	35%	32%
4	10003	2500,00	C		C	13	52400	10%	52%
5	10004	4800,00	C			25		100%	100%
6	10005	9800,00	C						
7	10006	2300,00	C						
8	10007	33000,00	B						
9	10008	36000,00	B						
10	10009	2400,00	C						
11	10010	1000,00	C						
12	10011	80000,00	A						
13	10012	97000,00	A						
14	10013	66000,00	A						
15	10014	22000,00	B						
16	10015	12000,00	B						
17	10016	34000,00	B						
18	10017	2300,00	C						
19	10018	6500,00	C						
20	10019	4500,00	B						
21	10020	8900,00	C						
22	10021	2100,00	C						
23	10022	25000,00	B						
24	10023	2000,00	C						
25	10024	4800,00	C						
26	10025	7500,00	B						
27	Gesamtumsatz	538400,00							

Thomas Runte
WDM01BGR

Verabschiedung

Thomas Runte
WDM01BGR